8°Z
LE SENNE
8263

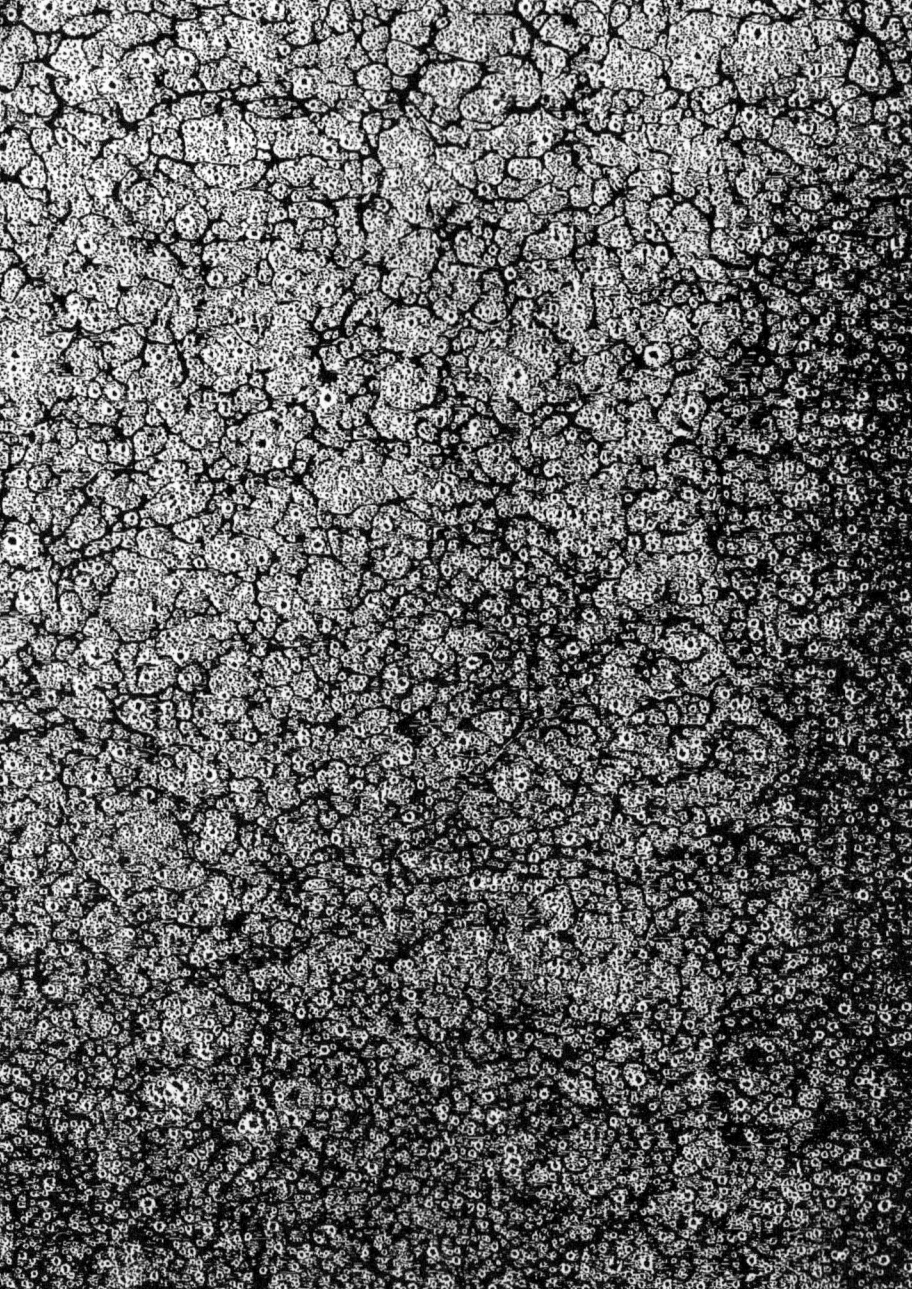

N° 691 du catalogue Bordeaux

8° Z Le Senne - 8263

# DISCOVRS
DE
## L'EFFICACITE' DE LA PRIERE
des Peuples, pour obtenir en temps de Guerre la Protection de Dieu sur les Rois.

## PRONONCE' DANS L'EGLISE
# SAINT EUSTACHE
LE IOVR DE L'OCTAVE
## DE SAINTE REINE

Par le P. CHARLES AUGUSTIN HOBONVAL, Augustin du grand Convent, Licentié en Theologie de la Faculté de Paris.

Pendant les Prieres publiques qui se faisoient par les soins de Messieurs les Maistres de la Confrairie de cette Sainte, pour demander à Dieu la Conservation de la Personne sacrée du Roy, & la Prosperité de ses Armes.

A PARIS,
Chez PIERRE PROME', Marchand Libraire, proche les grands Augustins.
M. DC. LXXIV.
*Avec Permission.*

# DISCOVRS
### DE L'EFFICACITE'
## DE LA PRIERE DES PEVPLES,

*Pour obtenir en temps de Guerre la Protection de Dieu sur les Rois.*

## Prononcé dans l'Eglise S. Eustache le jour de l'Octave de S<sup>te</sup> Reine,

*Nihil aliud fiat nisi oratio pro me ad Dominum Deum vestrum.*
Iudith 8. cap.

Ie demande seulement que vous adressiez vos prieres à Dieu pour moy. Ce sont les paroles d'vne illustre Conquerante, que je mets dans la bouche du plus grand des Monarques. Elles sont tirées du L. de Iudith, chap. 8.

ENCORE que les Rois soient les Dieux visibles de la Terre, & que portant en leurs Personnes sacrées les Caracteres augustes de la Divinité invisible, ils participent à l'indépendance suprême qui luy est propre; cependant on peut dire, & il est indubi-

A ij

table, qu'au milieu de leur puissance ils ont de grands besoins; que la Souveraineté qui les éleve au dessus des Peuples, les doit abaisser devant Dieu; & que plus ils ont de pouvoir par rapport aux hommes, dont ils sont les Souverains & les Maistres, plus ils ont de dépendance par rapport à Dieu, dont ils doivent estre les serviteurs & les esclaves. Il n'appartient qu'à la Divinité increée d'estre absolument indépendante, & de faire elle-mesme toute sa gloire & tout son bon-heur: il faut que les Divinitez participées reconnoissent la puissance qui les fait regner, & qu'à la veuë de leur origine, qui est le neant, elles avoüent qu'elles n'ont de bon-heur, ny de gloire, que ce qu'il a pleû au Ciel de leur communiquer. Voilà quel est le sentiment d'eux-mesmes, que la nature, le bon sens & la pieté doivent leur donner. Les Rois neantmoins imitent en quelque chose la grandeur & la puissance de Dieu. Dieu prend plaisir de répandre avec abondance ses tresors infinis sur les creatures, sans les obliger qu'à vn simple retour d'une juste reconnoissance, pour avoir lieu de redoubler en leur faveur ses aimables profusions: Et les Souverains de la Terre font gloire de combler leurs Sujets des marques éclattantes de leur magnificence & bonté Royale, sans exiger d'eux que le tribut de leurs prieres, afin que le Ciel soûtenant leur prosperité par la grace que ces prieres attireront sur eux, ils soient toûjours en estat de continuer leurs faveurs & leurs bienfaits à leurs Estats.

Voilà, Messieurs, la noble maxime de Loüis le Grand. Ce Monarque incomparable, en qui Dieu a placé toute la pompe de ses grandeurs comme dans l'Image de sa Divinité la plus glorieuse & la plus parfaite, n'employe pas seulement les Finances de sa Couronne pour le repos de son Royaume: non seulement il y employe ses soins, ses conseils, feils & fes travaux, mais il n'épargne pas même ny fa vie ny fon fang, expofant par une force de courage, qui eftonne fes Ennemis, & qui fait fremir de frayeur fes Alliez & fes bons Serviteurs, fa Perfonne facrée aux dangers les plus évidens de la guerre; & cependant il ne demande que nos prieres, *nihil aliud fiat nifi oratio pro me ad Dominum Deum veftrum.*

Ces motifs generaux qui regardent toute la France, joints à l'honneur que Sa Majefté fait à voftre Illuftre Confrairie de Sainte Reine, Messieurs; aux Liberalitez magnifiques que chaque année Elle accorde à l'Hofpital de cette Sainte en Bourgogne, dont vous eftes prefentement les fidelles Adminiftrateurs; au prefent confiderable qu'Elle envoya à fon retour de la Conquefte de la Franche-Comté: Tous ces motifs, dis-je, reünis enfemble vous ont obligé, Messieurs, à témoigner à noftre Monarque qui vous comble de tant de biens, vos juftes reconnoiffances par cette Ceremonie publique des Prieres folemnelles que vous offrez à Dieu pour la profperité de fes Armes; & afin que voftre zele & voftre pieté éclattent davantage, vous m'avez impofé l'obligation d'exhorter cette Sainte Affemblée à imiter voftre exemple: J'y travailleray, Messieurs, autant que j'en fuis capable, dans la fuite de ce Difcours, & je feray voir que la Priere des Peuples eft un moyen excellent pour attirer fur les Rois la Protection du Dieu des Armées, qui exauçant les vœux du Genre humain, luy accorda la grace, & fe rendit dans la plenitude des temps le Prince & le Mediateur de la Paix, quand un Ange dît à la Vierge,

*Ave Maria.*

COmbattre, vaincre & triompher, c'eft tout ce qu'en temps de Guerre les Rois & les Princes peuvent faire

B

de plus avantageux, soit pour leur propre gloire, soit pour le salut de leurs Peuples : Mais pour en venir à bout, je trouve qu'ils ont besoin de trois choses, qui ordinairement ne leur sont accordées qu'à la faveur des prieres & des vœux de leurs Sujets. Ils ont besoin de forces, de bon-heur, & de moderation : de forces pour combattre, de bon-heur pour vaincre, de moderation pour triompher, je veux dire pour user sagement de la Victoire.

Premierement, Pour combattre il faut de grandes forces, car quoy que le courage animé d'une valeur martialle porte à insulter l'Ennemy, & à luy livrer Bataille ; neantmoins si cette grandeur de courage n'est soûtenuë par la force, elle ne suffit pas pour demeurer victorieuse : Souvent les plus braves sont contraints de succomber au plus grand nombre, & toute la terre avouë de bonne foy, que si c'est une audace genereuse d'entreprendre un Combat, quand l'Ennemy est plus fort que nous ; c'est aussi une temerité audacieuse de s'y engager, lors que nos forces sont absolument inégalles.

Secondement, Pour vaincre il faut que le bonheur secóde les forces. La Victoire a du respect pour les grandes Armées, mais elle n'en est point esclave, elle s'en separe, elle les abandonne assez souvent, & l'experience nous a fait voir que des Armées formidables ont esté défaites par des poignées de monde, Dieu voulant montrer aux Monarques de la Terre par ce caprice ingenieux, que le vulgaire attribuë à la fortune, que les succez glorieux des Combats dépendent entierement des Decrets de sa volonté toute-puissante, & que quelques nombreuses que soient les Armées qu'ils commandent, les Victoires qu'ils remportent sont bien moins les effets du pouvoir des Armes avec lesquelles ils combattent, que les faveurs de sa benediction qui les fait vaincre.

En troisiéme lieu, Pour triompher, ou bien user de sa Victoire, il faut de la moderation. Quand l'orgüeil empoisonne la gloire, qui est la plus éclatante recompense des Conquerants, en sorte qu'ils ne suivent plus que les emportemens de la vanité & de l'ambition. Ah! bien loin de recüeillir les fruits de la Victoire; bien loin de joüir avec plaisir des avantages de leur bonne fortune (ce qui s'appelle veritablement triompher) ils voyent bien-tost ces Lauriers flêtris, la Providence permettant pour les punir qu'ils trouvent autant de honte dans la vanité de leur triomphe, qu'ils avoient acquis de reputation & d'honneur par l'éclat de leur Victoire.

Ainsi, MESSIEURS, il est constant que les Rois qui veulent combattre, vaincre & triompher, ont besoin de forces, de bon-heur & de moderation: Mais d'où leur viendront ces forces? qui leur donnera ce bon-heur? qui leur inspirera cette moderation, si ce n'est le Dieu des Batailles, que le Prophete reconnoist comme sa force, *Domine fortitudo mea.* *Psal. 57.* Que Judas Machabée appelle le Dieu de la Victoire, *Dei victoriæ*; & que toute l'Eglise nous represente comme un Triomphateur magnifique, *Magnificus triumphator*, &c. *2. Machabl c. 13.* *In benedictione aquæ.* Certainement comme il n'appartient qu'à luy d'ordonner les Combats, de donner les Victoires, & de regler les Triomphes; c'est luy seul qui peut donner les forces, le bon-heur, & la moderation. C'est pourquoy quand les Rois sont occupez à faire la guerre, il faut que les Sujets s'occupent à la priere, afin de leur obtenir ces trois choses si necessaires.

Voilà, MESSIEVRS, l'étroite obligation qui nous regarde. Pendant que nostre Auguste Monarque expose pour nostre bien sa Personne sacrée aux travaux & aux perils de la guerre; nous devons prier, nous devons faire des vœux pour sa

## Discours de l'Efficacité

Majesté, afin qu'elle soit toûjours invincible dans ses Combats, toûjours glorieuse dans ses Victoires, & toûjours Sainte & Chrestienne dans ses Triomphes. C'est l'unique reconnoissance que le Roy demande de nous, *Nihil aliud fiat &c.* C'est aussi à quoy je pretens vous exhorter, montrant, comme j'ay désja insinué, que la priere des Peuples est un moyen tres-puissant & tres-efficace pour impetrer du Ciel à nos Rois la force, le bon-heur, & la moderation. La force pour combattre avec asseurance, le bon-heur pour vaincre avec gloire, & la moderation pour triompher avec Sainteté. C'est l'œconomie de mon Discours.

### PREMIERE PARTIE.

C E n'est ny la force des escadrons, ny la puissance des armées qui sauve les Roys dans la chaleur des combats, *Non salvatur Rex per multam virtutem.* Mais c'est Dieu seul, qui veut avoir l'honneur de les proteger, & de les retirer des dangers, où le zele qu'ils ont pour le repos de leurs Estats, les expose. Cette belle leçon, Messieurs, a esté donnée à tous les Princes du monde par le plus grand & le plus Saint des Rois d'Israël, qui se voyant accüeilly de la persecution d'un fils insolent & dénaturé, implore l'assistance du Seigneur, & luy dit ( quoy qu'il eût une puissante armée sur pied ) qu'il n'a personne qui puisse le délivrer des insultes d'Absalon. *Domine Deus meus in te speravi salvum me fac ex omnibus persequentibus me, & libera me, nequando rapiat ut leo animam meam dum non est qui redimat, neque qui salvum faciat.* Seigneur mon Dieu, j'ay mis toute mon esperance en vous, sauvez moy des mains de ceux, qui me persecutent : délivrez-moy des maux dont je suis menacé, car je n'ay personne capable de me sauver.

sauver. L'expression de cette priere merite qu'on y fasse reflexion, puisque David a une grande armée sur pied commandée par un vaillant Capitaine; comment peut-il dire qu'il est dénüé de secours, & qu'il n'a personne en estat de le deffendre ? C'est, dit S. Chrysostome, parce que ce Monarque éclairé, compte pour rien l'assistance même de tout l'Vnivers, à moins qu'il ne soit soûtenu de la protection de son Dieu. *Quoniam ne universum quidem orbem auxilij loco habet, nisi opem divinam fuerit assecutus.* Que s'ensuit-il de-là, Messieurs ? il s'ensuit que quelque formidable que paroisse à nos yeux la grandeur ou la puissance des Roys, elle n'est pourtant que foibleue devant celuy qui regne dans les Cieux, & de qui dépendent les Empires: il s'ensuit qu'en vain les Princes s'appuyent sur la valeur & le nombre de leurs troupes aguerries: il s'ensuit en un mot, qu'il n'appartient qu'au Dieu des Armées de rendre, quand il luy plaist, les Monarques victorieux; puisque ceux, qu'il abandonne, ont toûjours trop de foiblesse; & que ceux, dont il prend la defense, ont toûjours assez de force.

Ce principe, Messieurs, vous marque désja clairement l'importance & la necessité de la priere : mais il faut vous faire voir qu'elle est toute puissante, quand il s'agit de fortifier le bras d'un Souverain, qui combat pour la gloire de Dieu & pour le bien de ses Estats. Pour cét effet, je remarque qu'elle fait sur le cœur de Dieu deux merveilleuses impressions, l'une contre les Ennemis, & l'autre pour le Prince. Par la premiere elle sepère Dieu du party de nos ennemis: par la seconde elle l'engage à nous proteger : & par ces deux differens effets, elle met le Monarque, pour qui elle est faite, en estat de combatre avec assurance.

Quand les peuples font des prieres pour la prosperité

des armes de leur Prince, voulez-vous fçavoir, Meſſieurs, ce qui arrive? cette priere, dont le propre eſt de faire d'agreables violences à Dieu, monte au Ciel ; & ſi elle trouve que ſa main toute puiſſante ſoit étenduë pour conduire & pour favoriſer les armées ennemies, elle l'arreſte tout à coup, & ſuſpend le ſecours & l'aſſiſtance qu'elle eſt preſte de leur donner: Non contente de cette ſuſpenſion, elle va juſqu'au cœur de Dieu, le preſſe ſi vivement, qu'il eſt comme obligé de ne point ſecourir nos ennemis contre nous : Diſons plus, aprés avoir gagné le cœur, & arreſté le bras du Seigneur, elle tourne enfin l'un & l'autre contre nos Adverſaires mêmes. De-là vient que n'ayant plus qu'eux-mêmes pour eux-mêmes, la confuſion ſe met parmy eux, & nous tirons avantage de leur meſ-intelligence & de leur deſordre. *Salutem ex inimicis noſtris.* L'Ecriture Sainte eſt remplie d'exemples fameux, qui juſtifient admirablement cette verité; Mais je m'arreſte à un ſeul, dans lequel vous verrez cette force invincible de la priere. Vous verrez d'une part tout ce que la confuſion peut cauſer dans les armées de plus ſanglant & de plus tragique, & de l'autre un Prince religieux garanty de la fureur de trois puiſſans ennemis, qui avoient juré ſa perte.

Il eſt rapporté au 20. chapitre du 2. Livre des Paralipomenes, que les Ammonites, les Moabites & les Aſſyriens ſe liguerent enſemble, & joignirent toutes leurs forces pour attaquer Joſaphat Roy d'Iſraël, qui avoit détruit les temples des faux Dieux, & reduit en cendre leurs Idoles. La nouvelle de cette triple alliance ſurprit Joſaphat, & il en fut d'autant plus conſterné, que manquant de forces pour oppoſer à des Armées ſi nombreuſes, il croyoit ſa perte & ſa ruïne inévitable. Dans cét effroy il ſe réſoud de demander au Ciel, ce qu'il ne pouvoit eſperer de la Terre. Il or-

## de la Prière des Peuples.

donne des prieres & des jeûnes publics : les Peuples obeïssent ; chacun court au Temple ; tous se prosternent devant la face du Seigneur, & luy demandent avec profusion de larmes son secours & sa protection. Aussi-tost, merveille estonnante ! voilà un Levite remply de l'Esprit de Dieu, qui les assure de sa part qu'il a abandonné leurs ennemis, & qu'il veut les proteger. Prince, dit-il, reprennez vos esprits ; & vous Peuples, ne craignez pas cette multitude, qui fait mine de venir fondre sur vous ; demain vous les combattrez, & le Seigneur sera avec vous, *Nolite timere nec pareatis, cras egrediemini contra eos & Dominus erit vobiscum.* Puissance admirable de la priere ! mais ce n'est pas le prodige le plus surprennant qu'elle opere en cette rencontre. Josaphat ainsi rassuré par le discours du Levite, assemble ses troupes, se met le lendemain en marche pour aller droit aux ennemis, & ayant quelque peu avancé, il commande, dit le Texte sacré, qu'il y ait des Chantres à la teste de chaque Escadron, & qu'un chacun louë & benisse le Seigneur. Mais qu'arrive-t'il ? chose prodigieuse ! a peine ont-ils commencé à chanter les Cantiques de loüange, que le Seigneur tourne les embûches des ennemis de Josaphat contre eux-mêmes, & qu'il les anime les uns contre les autres. *Cumque cæpissent laudes canere, vertit Dominus insidias eorum in semetipsos.* Les Moabites se bandent avec les Ammonites contre les Assyriens & les taillent en pieces ; & apres s'estre joints pour détruire ceuxlà, ils s'entretuent les uns les autres ; & on ne vid jamais, ny plus de sang répandu, ny un massacre plus cruel. Ainsi Josaphat se void par la vertu de la seule priere, sans coup ferir de son costé, non seulement délivré de la fureur de trois puissances qu'il redoutoit ; mais encore en possession des riches dépoüilles des Confederez par qui il craignoit luy-même d'estre dépoüillé. Voilà les miracles de l'Oraison.

Ne vous semble-t'il pas, Messieurs, que cette Histoire a beaucoup de rapport à l'estat present des affaires ? nostre Auguste Monarque avoit désja comme un pieux Josaphat détruit la plusparr des Temples de l'Heresie, & eslevé sur leurs ruines les trophées de la Foy de Jesus-Christ. Ses Armes animées d'un zele si Saint, avoient eu des succés si inoüis, qu'on peut dire qu'ils ont terny la gloire des siecles passez, & qu'ils feront l'étonnement perpetuel des siecles à venir. Toute la terre le sçait, sans qu'il soit besoin de s'estendre sur le recit de ces prodiges : Qu'arrive-t'il cependant ? il arrive, Messieurs, & toute la terre aussi doit en verser des torrens de larmes, que deux des plus grandes puissances de l'Europe se joignent contre nostre Josaphat à des gens rebelles à Dieu & à leur Souverain pour arrester des Conquestes si utiles à l'Eglise, si importantes à la foy, si glorieuses à Jesus Christ, en un mot si saintes & si dignes d'un Roy Tres-Chrestien, & du Fils Aisné de l'Eglise. Voilà, Messieurs, ce qui arrive au milieu du Christianisme. Mais que fait nôtre Roy Tres-Chrestien ? Il a recours comme vous voyez aux prieres de ses Peuples, il met toute sa confiance en Dieu, & nous voyons désja pour marque de la protection singuliere qu'il luy donne, que la confederation de ces trois ennemis, quelque bruit qu'elle ait fait, n'a pas esté capable d'ébranler l'intrepidité de ce grand Prince. Bien loin de les apprehender, il regarde leurs forces unies comme des gens qui n'ont conspiré ensemble que de rehausser l'éclat de ses Victoires. Toute son esperance est en Dieu comme celle de Iosaphat, il souhaite seulement comme ce devot Prince, que chacun fasse des prieres & invoque le nom du Seigneur. *Oratio fiat pro me ad Dominum*

*num Deum veſtrum.* Ie loüe Dieu, Meſſieurs, de voir en ce jour voſtre pieuſe condeſcendance & de ſi illuſtres effets de voſtre zele. Et je ſouhaiterois pouvoir maintenant comme vn autre Levite annonçer à cet aymable Monarque que vos vœux ont déja attiré le deſordre & la confuſion parmy ſes ennemis: Je ſouhaiterois pouvoir l'aſſeurer que Dieu a tourné leur mauvaiſe volonté & leurs artifices contre eux-mémes, & que ces deux Puiſſances qu'une Politique intereſſée a jointes pour défendre le troiſiéme ennemy, commencent à s'armer pour le détruire: *Vertit Dominus inſidias eorum in ſemetipſos.* Mais, Meſſieurs, s'il ne m'eſt point permis de faire à ſa Majeſté des Propheties ſi preciſes, puiſque l'Eſprit Divin ne me les a point revelées; du moins il m'eſt permis de promettre à Loüis le Grand, ſur la promeſſe du Fils de Dieu, qui eſt le Maiſtre des Levites, de promettre, dis-je, que vos prieres engageant Dieu à ſa défenſe, il ſera victorieux dans tous les combats qu'il livrera à ce triple Ennemy: *Si quid petieritis Patrem in nomine meo, dabit vobis.*   *Ioan. 16*

C'eſt la ſeconde impreſſion, pour m'exprimer d'une maniere humaine, que fait la priere des peuples en faveur de leur Prince ſur le cœur de Dieu. Non ſeulement elle détourne ſon bras tout-puiſſant de l'aſſiſtance qu'il vouloit donner aux ennemis, mais elle l'oblige à l'étendre pour nous proteger.

Pour preuve de cette verité le Roy Prophete me fait remarquer, que le Dieu des Batailles eſtant ſolicité par les Oraiſons de ſes ſerviteurs, a même ſouvent armé les Elemens pour leur donner ſecours. Quelquefois il a armé la terre par des ſecouſſes, & par des tremblemens horribles, qui ont englouty leurs ennemis; *Commota eſt & contremuit terra.* D'autre fois il a armé l'eau, commandant à la Mer   *Pſ. 17. verſ. 8. 9. 14. 16.*

d'entr'ouvrir ses abysmes pour les submerger : *Et apparuerunt fontes aquarum, & revelata sunt fundamenta orbis terrarum.* Tantost il a armé le feu, faisant descendre du Ciel des flammes devorantes, qui les ont reduit en cendre & en poussiere : *Ascendit fumus in ira eius, & ignis à facie eius exarsit.* Tantost il a armé l'air, excitant des tonneres & des esclairs foudroyans, qui les ont exterminez : *Et intonuit de Cœlo Dominus, & altissimus dedit vocem suam.*

Dieu estant solicité par le Prophete Elie, il employa le feu à la défense de ce Prophete contre les Capitaines d'Ochosias, qui avoit fait consulter le Dieu d'Accaron avant que de s'adresser à luy, & des flammes descenduës du Ciel consumerent les Capitaines avec leurs soldats ; *Descendit ignis de cœlo, & devoravit illum & quinquaginta eius.* Estant pressé tant par la priere, que par le sacrifice de Samuël, il fit combatre l'air en faveur des Israëlites contre les Philistins. Tandis que ce Prophete estoit occupé au Sacrifice, & que le Peuple estoit en priere, les Philistins se prevalant de l'occasion, vinrent fondre teste baissée sur eux : mais le Seigneur entreprit la défense de ceux qui avoient quitté les armes pour l'adorer ; il excita des foudres & des tonneres effroyables, & le bruit de ces canons terribles épouventa si fort les Philistins, qu'ils prirent la fuite & furent mis en déroute : *Intonuit autem Dominus fragore magno in die illa super Philistiin, & exterruit illos, & cæsi sunt à facie Israël.* Enfin le Tout-Puissant gagné par la priere de Moyse suscita la Mer au secours des Hebreux contre Pharaon. Cét Element mutiné devint obeïssant à ses ordres, & par un prodige, qui dans tous les siecles futurs fera l'étonnement des superbes, il forma un passage aux amis de Dieu, & il engloutit dans ses abysmes son Persecuteur avec toute son armée : *Currus Pharaonis & exercitum eius proiecit in Mare.*

*4. Reg. 1.*

*1. Reg. 7.*

*Exod. 15.*

## de la Prière des Peuples.

Delà vient, Messieurs, que les Peres & les Interpretes faisant reflexion sur ces grands Prodiges, & sur ces secours miraculeux obtenus par la Priere, ne font point difficulté de dire qu'elle est un Arsenal mystique, d'où nous pouvons tirer incomparablement plus de forces, que de toutes les puissances militaires. Les Habitans de la Iudée en estoient bien persuadez, & leur conduite nous le fait assez paroistre. Comme ils apprehendoient qu'Holoferne n'entrast dans leur Pays pour y faire les mesmes ravages, & y causer les mesmes desolations, qu'il avoit faits & causés chez leurs Voisins; l'Histoire Sacrée remarque, qu'ils n'oublierent rien de tout ce que l'Art de la Guerre est capable d'inventer, pour se mettre en estat de defense. Ils bastirent des Re- *Iudith. 4.* doutes sur les Colines ; ils fortifierent toutes leurs Places, & enfermerent de murailles jusqu'à leur Bourgades ; ils firent des Retranchemens à toutes les avenuës; ils remplirent leurs Magazins de toutes sortes de munitions, & de Bouche & de Guerre; ils firent enfin tous les aprests necessaires pour s'oposer vigoureusement aux insultes de ce redoutable Ennemy. Mais après tout cela, considerant que les précautions des hommes, quelques grandes qu'elles soient, sont vaines & inutiles, si Dieu par sa bonté ne les appuye ; *Clamavit po-* *Iudith. 4.* *pulus ad Dominum instantiâ magnâ ; & humiliaverunt animas suas in jejunijs & orationibus.* Pendant que les Gouverneurs & les Magistrats s'occupoient aux fortifications, & aux preparatifs de la Guerre, les Peuples prierent le Dieu des Armées avec de tres-grandes instances, & joignant le Ieûne à l'Oraison, ils s'humilierent devant sa Divine Majesté, pour l'engager à leur défense.

Voilà, Messieurs, un bel exemple à imiter. Il est vray que nos Costes sont tres-bien gardées, puisqu'elles ont tenu en eschec cette Flotte, qui paroissoit si redoutable, & qui menaçoit de tout ravager : J'avoüe que nos Frontieres sont admirablement bien munies, & que nos Places sont tres-regulierement fortifiées : il est constant que nos Armées sont lestes & formidables, & que l'experience & la valeur des Generaux qui les commandent, & qui passent pour des Mars dans nôtre Siecle, jettent la terreur dans le Camp de nos Ennemis : Il faut demeurer d'accord que nôtre grand Monarque, qui ne souffre point de Parallele, animant par ses travaux, & ses belles actions, & ses Officiers, & ses Troupes, il y a lieu d'esperer, selon les regles de la prudence humaine, que l'entreprise des Confederez eschoüera sans troubler la tranquillité du Royaume. Cependant estant, comme nous devons estre, convaincus par l'Oracle du saint Esprit : que c'est en vain que les Sentinelles veillent, si le Seigneur ne garde la Ville ; que c'est inutilement que les Rois employent leurs Armes, si le bras de Dieu ne seconde leurs efforts; Nous devons avoir recours à la Priere, Nous devons imiter le Peuple choisi, & nous prosterner devant la face du Souverain des Monarques, luy demendant, mais avec toutes les instances possibles, pour LOÜIS LE GRAND, la force & le bonheur. La force pour combatre avec assurance, & le bonheur, pour vaincre avec gloire. C'est le second point.

## SECONDE PARTIE.

Bien qu'assurément la force côtribuë beaucoup à gagner les Batailles & à remporter des Victoires ; neantmoins le bon-heur de vaincre, est plus particulierement dépendant de la Priere, que de la puissance des Armes. Cette verité est marquée en mil endroits des S$^{tes}$ Ecritures, & personne n'en peut douter : mais afin que chacun en soit pleinement persuadé, je trouve que la Providence, qui ne se trompe jamais,

ny

*de la Priere des Peuples.*

ny dans les desseins qu'elle forme, ny dans les moyens qu'elle choisit pour les executer, l'a ordonné de la sorte pour trois raisons. Pour la gloire de Dieu, pour l'instruction des Monarques, & pour la consolation des Peuples. Pour la gloire de Dieu, qui donne les Victoires; pour l'instruction des Monarques, qui se les pourroient attribuer; & pour la consolation des Peuples, car ils ont par ce moyen la joye de contribuer à les remporter.

Il estoit tres-juste & tres-important, à la gloire de Dieu, que tout le Monde reconnût, que la victoire estoit un effet de sa puissance bien-faisante, & non pas du caprice de la bonne fortune. C'est pourquoy nous voyons que la Providence infiniment sage, a toûjours affecté de le faire paroistre, & que pour en persuader les Souverains & les Conquerans, Elle a observé plusieurs maximes contraires à la Politique. On a vû qu'elle a choisi les plus foibles, pour terrasser les plus formidables. David pour abatre Goliath, & Iudith pour tuër Holofernes. On a vû qu'Elle a jetté la terreur & l'épouvante dans des Armées entieres, & qu'à la veuë d'une ou de deux personnes, Elle les a mis en déroute, comme il arriva contre les Philistins, dont Ionathas accompagné de son seul Escuyer, défit une partie, & mit le reste en fuite. On a vû que Dieu voulant honorer ses amis de quelque victoire éclatante, il leur a défendu de paroître en grand nombre, & même de porter des Armes. Gedeon *Iudich. 7.* avec 300. hommes, n'ayant pour toutes Armes, que des Trompettes & des Bouteilles vuides, qui leur servoient de Lanternes, ne défit-il pas l'Armée des Madianites, dont la multitude estoit si grande, que l'Ecriture les compare aux Sauterelles des Campagnes, & aux grains de sable qui est au bord de la Mer? Pourquoy tout cela, Messieurs, si ce n'est afin que tout l'Univers sçache, comme l'a fort bien

E

dit David parlant à Goliath, que Dieu est le Souverain Maistre de la Victoire ; qu'elle dépend uniquement de sa volonté ; qu'il l'accorde rarement aux Armes ; qu'il ne la donne ny à l'Epée, ny à la Pique ; & que si quelque-fois il permet qu'elle se range du party des plus forts, on ne doit pourtant pas la regarder comme un effet de la multitude des Combattans, mais comme une faveur de sa bonté, qui benit les forts & les foibles, quand il luy plaist. *Vt noverit universa Ecclesia quia non in gladio, nec in hasta salvat Dominus.* Mais de toutes les maximes, dont il a plû à Dieu de se servir pour nous insinuer cette importante verité, il n'en est point de plus efficace que de rendre le bonheur de vaincre, dependant de la Priere. En effet, comme la Priere est un acte de Religion, & un témoignage de l'honneur & de la reverence que nous rendons à Dieu, selon l'idée que nous en donne l'Escriture Sainte, lors qu'elle compare la Priere à l'Encensement, qui est une marque exterieure du culte & de l'adoration interieure, avec laquelle nous nous aneantissons devant sa Majesté infinie, luy faisant une espece d'hommage, & protestant que nous le reconnoissons pour le Maistre absolu de nos vies & de nos biens, & que nous attendons nostre Salut de sa seule misericorde. De mesme quand les Rois & les Peuples se prosternent au pied des Autels du Dieu des Batailles, pour le prier qu'il luy plaise de donner un heureux succez à leurs entreprises, & de rendre leurs Armes victorieuses, ils protestent par ces vœux particuliers, que leur sort est entre ses mains, qu'il en est le Maistre absolu, qu'ils attendent de sa Puissance supresme tout le bonheur qu'ils esperent, & par cette soûmission des Peuples, & des Rois, des Sujets & des Souverains, la gloire de ce Souverain Maistre éclatte dans toute sa Majesté.

La seconde raison, pour laquelle la Providence a voulu

*de la Priere des Peuples.*

rendre les Victoires, l'effet des Prieres des Peuples, c'eſt l'inſtruction des Princes. Car ſi vous me demandez pourquoy Dieu, qui donne aux Souverains de la Terre, le pouvoir de mettre ſur pied de puiſſantes Armées, ne veut pourtant pas que l'honneur de la Victoire dépende de leurs forces ; je vous diray, que c'eſt pour les inſtruire, & pour leur apprendre des veritez importantes à leur Salut. C'eſt pour leur apprendre à ne jamais offenſer Dieu, à toûjours rechercher avec ſoin ſon amitié, & à luy rendre ſans ceſſe des actions de graces pour ſes bienfaits.

Premierement, C'eſt pour leur apprendre à ne jamais offenſer ce formidable Maiſtre, de peur qu'eſtant irrité contre leurs crimes, il leur refuſe juſtement les Victoires. Ie dis juſtement, parce qu'il ſeroit injuſte qu'elles fuſſent le prix de leur injuſtice. Car ſi la politique veut que les Monarques prennent garde de ne point choquer les puiſſances, qu'ils croyent pouvoir avancer, ou ſuſpendre la gloire de leurs Armes, quoyque bien ſouvent elles ne ſoient pas dans cet eſtat; Elle veut à plus forte raiſon qu'ils ſe donnent de garde de ne pas offenſer celuy, qu'ils doivent reverer comme celuy, qui eſt le Maiſtre de la Victoire, à qui ils ſont obligez de la demander, & ſans la bonté duquel il n'eſt pas en leur pouvoir de l'obtenir.

Secondement, C'eſt pour leur montrer à faire tous leurs efforts, pour conſerver l'amitié d'un Dieu ſi bon, afin que dans les rencontres il ſeconde favorablement leurs entrepriſes. Car ſi la politique veut encore, que les Princes tâchent de maintenir par toutes les voyes poſſibles une étroite alliance avec pluſieurs Princes, lors même qu'ils ne ſont pas capables de mettre obſtacle à leurs Victoires ; Elle veut à plus juſte titre qu'ils n'oublient rien pour meriter l'affermiſſement de l'alliance du Roy des Roys, qui eſt toujours en pouvoir d'arreſter quand il voudra le torrent de leurs Conqueſtes,

& qui aprés leur avoir donné quelques Victoires, peut encore leur en oster le fruit & l'avantage.

Troisiémement, C'est pour vous enseigner enfin, ô Princes de la Terre, à rendre sans cesse d'humbles actions de graces au Dieu des Armées, luy referant toute la gloire des Batailles, que vous avez gagnées par son secours. Car encore une fois, si la Politique demande que les Conquerans partagent avec leurs Alliez l'honneur des Combats qu'ils ont glorieusement soûtenus par leur assistance, afin qu'ils demeurent constamment attachez à leurs interests : Elle demande avec plus d'équité & de justice, que vous reconnoissiez la protection de Dieu sur vous, & que par un esprit de gratitude vous fassiez de vos Victoires, des sacrifices d'honneur à sa Majesté infinie, afin que continuant de vous prester son bras invincible, vous alliez de Victoire en Victoire.

Voilà, Messieurs, de belles & salutaires instructions que la Sagesse increée a voulu donner aux Rois, & que ceux, qui ont l'honneur d'approcher de leurs Personnes Augustes, devroient leur inspirer sans cesse, comme fit autrefois Melchisedech au Patriarche Abraham. Quand Abraham eut délivré Loth des mains de ses Ennemis, Melchisedech alla au devant du Vainqueur, & benit ce Patriarche. Mais quelle benediction pensez-vous qu'il luy donnast ? Quel compliment croyez-vous qu'il luy fist pour le feliciter de sa Victoire ? Ah ! il ne luy donna pas de ces loüanges affectées, ny de ces benedictions flateuses, dont le venin corrompt les esprits des Princes foibles : mais il luy donna des benedictions & des loüanges salutaires, qui luy firent entendre que s'il retournoit Triomphant, il estoit redevable de la Victoire à la protection de Dieu, à qui tout l'honneur en estoit deû. *Benedictus Abraham Deo excelso, qui creavit cœ-*

*Genes.14.*

*lum*

*lum & terram.* Luy dit-il, Beny-soit Abraham par le Dieu Tout-puissant, qui a creé le Ciel & la Terre. Mais il ajoûta: *Benedictus Deus excelsus, quo protegente hostes in manibus tuis sunt.* Loüé soit le Dieu Tres-Haut, par la protection duquel les ennemis ont esté livrez entre tes mains. Abraham receut cét applaudissement de la maniere qu'il devoit, & comme il estoit prevenu de la même pensée que le grand Prestre, S. Chrysostome le fait répondre en ces termes plains de modestie: *Nihil ad belli rem attuli præter voluntatem & promptitudinem: victoriam autem & triumphum operatus est Deus ineffabili virtute.* Divines paroles, que tous les Conquerans Chrestiens devroient avoir en la bouche. Melchisedech, ne me donnez pas de loüange; je n'ay rien contribué au gain de cette bataille que ma bonne volonté & mon zele. C'est le Seigneur, qui par sa force ineffable nous a donné la victoire & le triomphe : c'est luy qu'il faut glorifier & benir.

*Homil 35. in Genes.*

Quand j'ay parlé d'Abraham victorieux ; ne vous estes vous pas representé nostre grand Monarque couvert de Lauriers, qui va à nostre Metropolitaine pour y témoigner solemnellement sa reconnoissance des visibles Benedictions que le Ciel verse sur ses Armes ? Quand j'ay dit que Melchisedech alla au devant de ce Patriarche triomphant; n'avez-vous pas crû voir Monseigneur nostre Archevesque, qui assisté de son Clergé vint recevoir le Roy à la porte de son Eglise ? Quand j'ay fait le recit de la Harangue du grand Prestre, & de la réponse du Patriarche ; N'avez-vous point conçeu l'idée de l'entretien qui se fit à l'entreveuë de ces deux Personnes Sacrées ? Pour moy, Messieurs, quoy que je n'aye point eu l'honneur d'en estre témoin ; estant, comme je suis, persuadé de la Pieté exemplaire de l'un & de l'autre, je croy voir d'une part nostre

F

Illustre Prelat accompagné de sa grace & de son éloquence ordinaire, donner, comme il devoit, à nostre Monarque invincible des loüanges toutes Saintes & toutes Chrétiennes, & luy dire avec les paroles de Melchisedech : *Benedictus Ludovicus Deo excelso, &c.* SIRE, que Vostre Majesté soit benite par le Souverain Createur du Ciel & de la Terre. Et que luy ayant ainsi attiré la benediction du Ciel, il ne manqua d'ajouster comme le grand Prestre : *Benedictus Deus excelsus quo protegente, &c.* Loüé soit par Vostre Majesté le Toutpuissant, qui l'a renduë Maistresse d'une Province entiere, & qui luy a gagné tant de Batailles.

Je croy voir d'autre costé LOUIS LE GRAND remply de l'Esprit de Dieu, qui le conduisoit au pied des Autels pour y reconnoistre publiquement qu'il estoit redevable de ses Victoires à la protection Divine. Je l'entens, ce me semble, répondre avec la modestie d'Abraham : *Nihil ad belli rem attuli præter, &c.* Mr l'Archevesque ne m'attribuez pas les succez glorieux, qui ont accompagné la justice de mes Armes ; je n'y ay employé que mes soins & & mes travaux : C'est Dieu qui les a beny ; c'est par sa faveur que je suis Maistre de la Franche-Comté ; c'est par sa main Toute-puissante que j'ay gagné les Batailles ; & & comme c'est luy qui est l'Auteur de mes Victoires & de mes Triomphes ; c'est à sa seule Majesté que les Trophées doivent estre élevez & consacrez.

La troisiéme raison pour laquelle la Providence a ordonné que le bonheur de vaincre fût une suite de la priere, c'est la consolation des Peuples. Réjouïssez-vous fidelles Parisiens ; sans diminuer la gloire de nos Braves, Je puis dire avec verité que vous avez une part considerable aux victoires & avantages dont le Ciel a couronné nostre Monarque. Que les soldats se vantent tant qu'ils voudront d'avoir affronté les dangers ; que les Officiers se glorifient hardiment d'avoir essuyé le feu des ennemis ; Que les Generaux publient qu'ils ont trempé dans le sang de nos adversaires les Palmes & les Lauriers dont ils sont revestus ; tout cela n'empesche pas que vous n'ayez beaucoup contribué & aux prises des places, & au gain des batailles. Certes à qui pensez-vous, Messieurs, qu'on doive attribuer l'honneur de la victoire remportée par le Peuple de Dieu sur Amalec ? Est-ce au courage de Josué ? Est-ce à la priere de Moïse ? sans suspendre vos resolutions, je dis que c'est à l'un & à l'autre. Josué sera vainqueur d'Amalec, mais il faudra que Moïse paroisse sur la montagne, & qu'il étende ses bras vers le Ciel ; puis qu'au rapport de l'Escriture, tandis que ce Prophete levoit ses mains, la victoire se declaroit pour Josué ; & si-tost qu'il les baissoit, elle panchoit du costé d'Amalec. Josué triomphera des Amalecites ; mais les mains de Moïse élevées au Ciel luy serviront de troupes auxiliaires, qui par la force de la priere gagneront avec luy la bataille : *Purgantibus manuum extensio innumerabilium copiarum instar erat Orationis operâ trophæa erigens*, dit S. Gregoire de Nazianze. Josué taillera en pieces les armées ennemies de Dieu ; mais la priere de Moïse sera un combat secret, à la faveur duquel ce Capitaine remportera une victoire éclatante, dit l'éloquent S. Chrysostome : *Fit Moyse orante occulta pugna, sed manifesta victoria.*

Demandons pareillement, pour revenir à nostre sujet, à qui il faut attribuer les Victoires & les Triomphes, dont Dieu nous benit visiblement ? Ah ! Messieurs, quoy que nous puissions dire, que nos Troupes sont toûjours Victorieuses, que la valeur de nos Generaux est invincible, & que la prudence & l'intrepidité de nôtre Monarque, le rend toujours triomphant. Quoyque nous puissions, dis-je, regarder toutes ces choses comme les causes les plus apparentes de ce comble de bonheur; vous ne laissez pas, Messieurs, d'y avoir considerablement concouru par vos Prieres. Loüis le Grand, a subjugué une Province toute entiere; Mais Monseigneur l'Archevesque, comme un nouveau Moïse, a paru sur la Montagne mystique, Je veux dire sur les Autels, où son zele infatigable luy a fait lever les mains au Ciel avec une ardeur qu'on ne peut exprimer. Loüis le Grand a gagné à Senef une bataille tres-signalée, qui a étourdy les trois Nations confederées; mais pendant que Monsieur le Prince a continué de faire admirer sa Bravoure heroïque par des miracles en fait de guerre; les Fidelles Parisiens ont formé par leurs Prieres une Armée invisible, qui a puissamment secondé le courage de ce grand Prince. Loüis le Grand a remporté une autre Victoire à S. Ensheim, où la fierté des Aigles de l'Empire a esté fortement reprimée; mais lors que Monsieur de Turenne donnoit dans le Combat des marques surprenantes, & d'une prudence singuliere, & d'une valeur sans égale; vos Prieres, Messieurs, livroient une bataille secrette, à la faveur de laquelle ce Heros a remporté ouvertement la Victoire. *Occulta pugna, sed manifesta Victoria.*

 Le Grand Prestre Eliachim, convaincu des merveilles qu'opere en tout temps la Priere, voyant que la Ville de Bethulie estoit assiégée par les Assyriens, il n'exhorta pas les Habitans, ny a prendre les Armes, ny à faire des sorties, mais à se prosterner devant Dieu, & à se munir de la force de l'Oraison. Souvenez-vous, leur dit-il, de Moïse cét admirable Serviteur de Dieu : Souvenez-vous, qu'autre-fois il vainquit le Superbe Amalec : Souvenez-vous, qu'il dompta ce monstre d'orgüeil, *Non ferro pugnando, sed precibus sanctis orando.* Non pas en combatant avec le fer, mais en offrant de

*Judith 4.*

saintes

saintes Prieres. Et soyez assurez, que si à son exemple vous estes perseverans dans la Priere, il en sera de vous, comme de luy, & de vos ennemis, comme des Amalecites.

Je vous fais donc, en finissant ce point, la mesme exhortation que faisoit ce Grand Prestre, & pluſt à Dieu qu'elle ait sur vos esprits autant de force, qu'elle en eut sur les Bethuliens. *Ad hanc exhortationem*, dit l'Historien Sacré, *permanebant in conspectu Domini orantes &c.* Ce discours fut si puissant, & ils en furent si touchez, qu'ils persevererent unanimement en l'Oraison, mais avec tant de pieté & de ferveur, que les Prestres se couvroient de Cendres & de Cilices, pour offrir avec plus de merite les Sacrifices & les Holocaustes; & que les autres personnes versoient des torrens de larmes, priant Dieu de tout leur cœur, qu'il daignât visiter son Peuple.

Je ne demande pas, Ministres Sacrez du Tout-puissant dans la loy de la grace, que vous vous couvriez de Cilices & de Cendres, quand vous faites les fonctions de vostre ministere: mais je demande que vous redoubliez vos offrandes & vos sacrifices pour le Roy. Je ne demande non plus, Chrestienne Assemblée, que vous abandonniez les employs legitimes, qui vous rendent utils à la Societé publique : mais je demande que vous les interrompiez, pour vaquer de temps en temps à la Priere. Ie ne demande pas, Messieurs, que vous continuiez la pompe & l'appareil magnifique de la presente solemnité : mais je demande que la pompe & l'appareil cessant, vostre pieté & vos prieres ne cessent point. Prestres, joignez-vous aux Peuples; Peuples, joignez-vous aux Prestres ; & tous ensemble continuez, & vos Sacrifices, & vos Vœux, & vos Prieres, pour nostre Monarque, puisque c'est le moyen de procurer à sa Majesté, la force pour combattre avec assurance, le bon-

G

heur pour vaincre avec gloire, & en dernier lieu, la moderation pour triompher avec sainteté. C'est le sujet de ma derniere Partie.

## TROISIESME PARTIE.

Quelque avantage qui accompagne la Victoire, quelque gloire dont éclatte le Triomphe ; ce n'est pas tout ce que des Peuples Chrétiens & fidelles doivent demander à Dieu pour leurs Rois. Il faut qu'ils demandent pour eux, la grace de triompher saintement & avec moderation, parce que les Triomphes, qui ne sont pas accompagnez de sainteté, & dans lesquels on ne voit pas reluire l'honneur du Dieu des Armées, sont proprement des Triomphes de mort & de Satan, qui entraisnent les Conquerans du sommet d'une grandeur trompeuse & passagere, dans des malheurs extrémes, & dans les abysmes d'une confusion éternelle.

En effet, que sert-il à un Alexandre, d'avoir presque conquis un Monde entier ? Que sert-il aux Cesars, d'avoir subjugué presque toutes les Nations, & d'avoir remply l'Univers du bruit de leur renommée ? Que sert-il aux plus fameux Heros de l'antiquité, d'avoir fait trembler la Terre, sous le poids de leurs Armes, & de l'avoir fait courber, pour ainsi dire, sous la Pompe & les Richesses de leur Triomphes ? Helas ! de toutes ces choses, dont le brillant les a charmez, il ne leur reste qu'une vaine reputation, que des plaintes inutilles, que des applaudissemens sans effet, que des loüanges steriles, que des Apotheoses, dont les mensonges bien qu'agréables, ne les soulagent pas dans leurs peines. *Laudantur ubi non sunt, cruciantur ubi non sunt*, dit S. Augustin. On les loüe, où ils ne sont pas : & on les tourmente *de la Prière des Peuples.*

où ils font. On leur dreſſe des Mauſolées ſuperbes, & des Statuës magnifiques, dans les Places & dans les Capitoles. *Laudantur ubi non ſunt*: Mais toutes ces marques de grandeur, qui ont pû leur enfler le cœur pendant leur vie, ne les conſolent pas aprés leur mort. *Cruciantur ubi ſunt.* Ils ſont dans les Hiſtoires au milieu des Eloges, & on ne peut même qu'on ne ſoit touché d'admiration, quand on vient à les lire. *Laudantur ubi non ſunt.* Mais toutes ces loüanges, & toutes ces admirations, ne diminuent en rien les tourmens atroces auſquels ils ſont condamnez. *Cruciantur ubi ſunt.* De grands hommes qu'ils eſtoient, ils ſont devenus de grands damnez, & parce qu'ils ont eſté puiſſans ſur la Terre, ils ſont puiſſamment tourmentez dans les Enfers, Dieu exerçant ſur la puiſſance dont ils ont ſi injuſtement abuſé, celle qu'ils avoient ſi inſolemment mépriſée. *Potentes potenter* Sap. 6. *tormenta patientur.*

Que s'enſuit-il de ces grandes veritez ? Ah ! il s'enſuit que les Peuples offrant à Dieu des Prieres pour leurs Princes, ne doivent pas demander ſimplement qu'ils triomphent, mais qu'ils puiſſent triompher avec ſainteté, afin que leurs triomphes eſtant ſanctifiez par vne ſage moderation, qui leur attire la grace, ils en faſſent le ſujet de leur propre Salut, & non pas de leur perte éternelle.

Voilà, Meſſieurs, un devoir qui nous regarde plus particulierement que les autres Nations, puiſque noſtre Monarque eſt reveſtu de Caracteres, & de qualitez également ſaintes & éminentes, qui l'obligent à garder dans ſes triomphes une moderation particuliere. Il eſt Roy du plus floriſſant Royaume du Monde : il eſt Fils Aiſné de l'Egliſe, & Roy Tres-Chreſtien.

Comme Roy, il faut qu'au milieu de ſes Victoires il conſerve dans ſon cœur l'amour qui diſtingue les Souverains d'avec les Tyrans, c'est à dire, l'amour d'un Pere envers ceux qu'il s'est soûmis. Il faut que cette genereuse tendresse regle ses pensées, qu'elle resiste aux mouvemens funestes de l'orgüeil & de l'ambition, & qu'elle tourne sa bonne fortune à la correction des meschans, au soulagement des miserables, à la protection des bons, en un mot, au bien & à la felicité de son Empire.

Comme Fils Aîné de l'Eglise, sa Majesté sçait qu'Elle doit garder dans le comble de la prosperité le respect & la soûmission d'vn Enfant envers cette sainte Mere. Elle sçait qu'elle doit marcher sur les traces de ses Augustes Predecesseurs, qui pour meriter ce beau Droit d'Aisnesse entre les Rois Chrestiens, ont fait gloire de donner refuge à l'Eglise exilée, de rétablir le Saint Siege, & d'employer leurs Armes pour le vanger des outrages qu'il auroit receu de l'insolence de ses Ennemis. Elle sçait, dis-je, que pour maintenir cette noble Preéminence, avec une reputation digne de Loüis LE GRAND, Elle doit estre animée durant toute sa vie de ce zele glorieux, soûmettre la vanité à la religion, & faire des victoires & des conquestes de la France, les conquestes & les victoires de l'Epouse de JESUS-CHRIST.

Comme Roy Tres-Chrestien, il faut qu'à mesure qu'il étend les bornes de son Empire, son obeïssance & sa Fidelité croissent envers Dieu. Il faut que cette Fidelité se rende tellement maistresse de son cœur, qu'au lieu de suivre le desordre déplorable des Princes ambitieux, qui des faveurs dont le Ciel les benit, prennent le sujet de leur licence & de leurs déreglemens, il écoute la Iustice qui crie sans cesse dans le fond de son ame, & luy dit que son bonheur doit estre le motif de sa Vertu, de sa Pieté, de sa Religion & de sa Sainteté.

C'est, Messieurs, de la maniere dont nostre invincible
Monarque

Monarque doit en vſer dans ſes Triomphes. Voilà la moderation, voilà le temperamment chreſtien qu'il doit garder. Vous jugez bien que ſans des graces particulieres il luy ſeroit impoſſible de conſerver inviolablement cét amour envers ſes Sujets, cette ſoûmiſſion envers l'Egliſe, & cette fidelité envers Dieu; & vous ne doutez pas que ces ſortes de graces ne s'accordent ordinairement qu'aux prieres. Il faut que la priere des Peuples monte au Ciel; & alors la Miſericorde deſcend ſur les Teſtes Couronnées; & leur communique cét amour genereux, cette ſoûmiſſion parfaite, & cette inviolable fidelité. *Aſcendit precatio, & deſcendit miſeratio.* S. Aug.

Cela eſtant, Meſſieurs, ne ceſſons jamais d'offrir à Dieu des prieres & des vœux pour le Roy; mais, ſur tout dans cette ſolemnité publique, redoublons les efforts de noſtre zele & de noſtre pieté. Proſternons-nous tous enſemble devant la face du Dieu des Armées, pour le prier qu'il accorde au GRAND LOÜIS le double effet, que j'ay dit que produit la priere: imitons la conduite du Conducteur du Peuple d'Iſraël. Il eſt écrit au Livre des Nombres, que quand on décampoit les matins, Moïſe crioit à haute voix auſſitoſt que l'Arche partoit: *Exurge, Domine, & diſſipentur inimici tui, & fugiant qui oderunt te à facie tua.* Levez-vous, Seigneur, diſſipez vos ennemis, & que ceux qui vous haïſſent, s'enfuyent de devant voſtre face. Et que les ſoirs quand l'Arche eſtoit placée au lieu où l'on vouloit camper, cét homme de Dieu luy adreſſoit ces paroles: *Revertere, Domine, ad multitudinem plebis tuæ Iſraël.* Revenez, Seigneur, au milieu de voſtre Peuple, parce qu'il a beſoin de voſtre protection. Imitons, dis-je, cette ſage & prudente maxime. Quand on tire de nos Tabernacles le tres-ſaint & tres-adorable Sacrement, qui est la vraye Arche du Testament de la nouvelle Alliance, puis qu'il contient le vray Dieu que nous adorons, humilions-nous devant le Throne de sa Divine Majesté, & luy disons: *Exurge, Domine, & dissipentur inimici Regis, & fugiant qui oderunt Ludovicum à facie eius.* Seigneur, levez-vous, paroissez aux yeux des Ennemis de nostre Monarque, & que ceux qui haïssent sa gloire prennent la fuite à la seule veuë de ses Armes. Et lors que l'on renfermera cette Arche Divine, comme on fera à la fin de toutes ces Prieres publiques, disons-luy: *Revertere Domine ad multitudinem exercitus franciæ.* Seigneur, apres avoir dissipé les Ennemis de nostre Prince, retournez au gros de ses Troupes, soyez-en sans cesse le Protecteur; remplissez enfin sa Majesté de la felicité, & de la douceur de vostre Esprit saint, afin qu'elle soit toûjours invincible à toutes les forces ennemies, toûjours heureuse dans ses entreprises, & toûjours sainte & chrétienne, dans ses Victoires & dans ses Triomphes. Donnez-luy, ô Grand Dieu des Batailles! la force, le bonheur & la moderation: accompagnez-la perpetuellement de vos benedictions dans ses Combats, dans ses Victoires & dans ses Triomphes. Et accordez à nos Prieres, que ce grand Prince ayant esté l'admiration de son Siecle, & un Ouvrage parfait de vostre grace dans cette vie mortelle, il regne un jour, & nous avec luy, puisque nous sommes tous ensemble les Coheritiers de vostre Fils, dans la vie & la gloire éternelle. Ainsi soit-il.

A PARIS, De l'Imprimerie de GVILLAVME ADAM, ruë Vieille-Bouclerie, à l'Olivier, 1674.

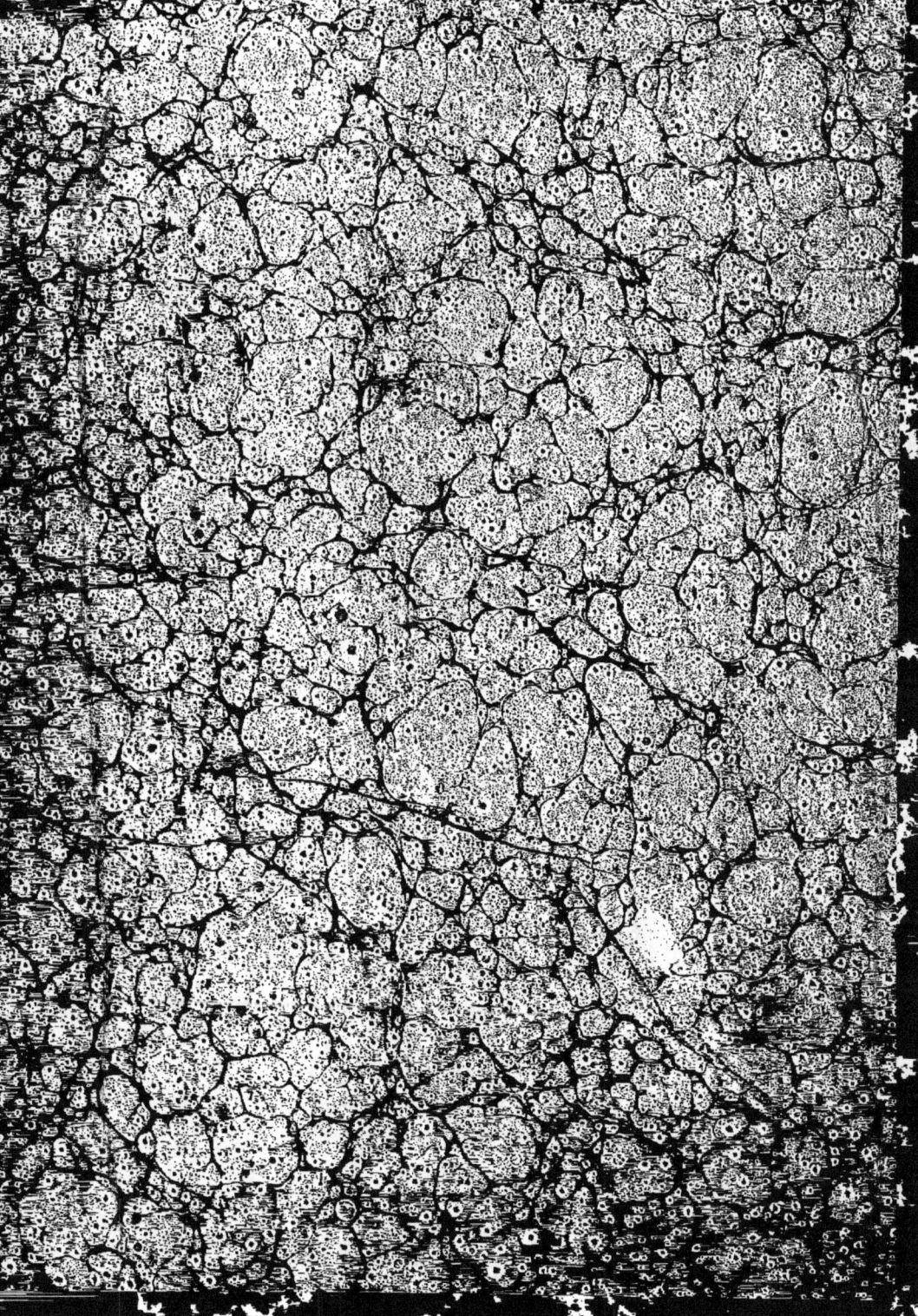

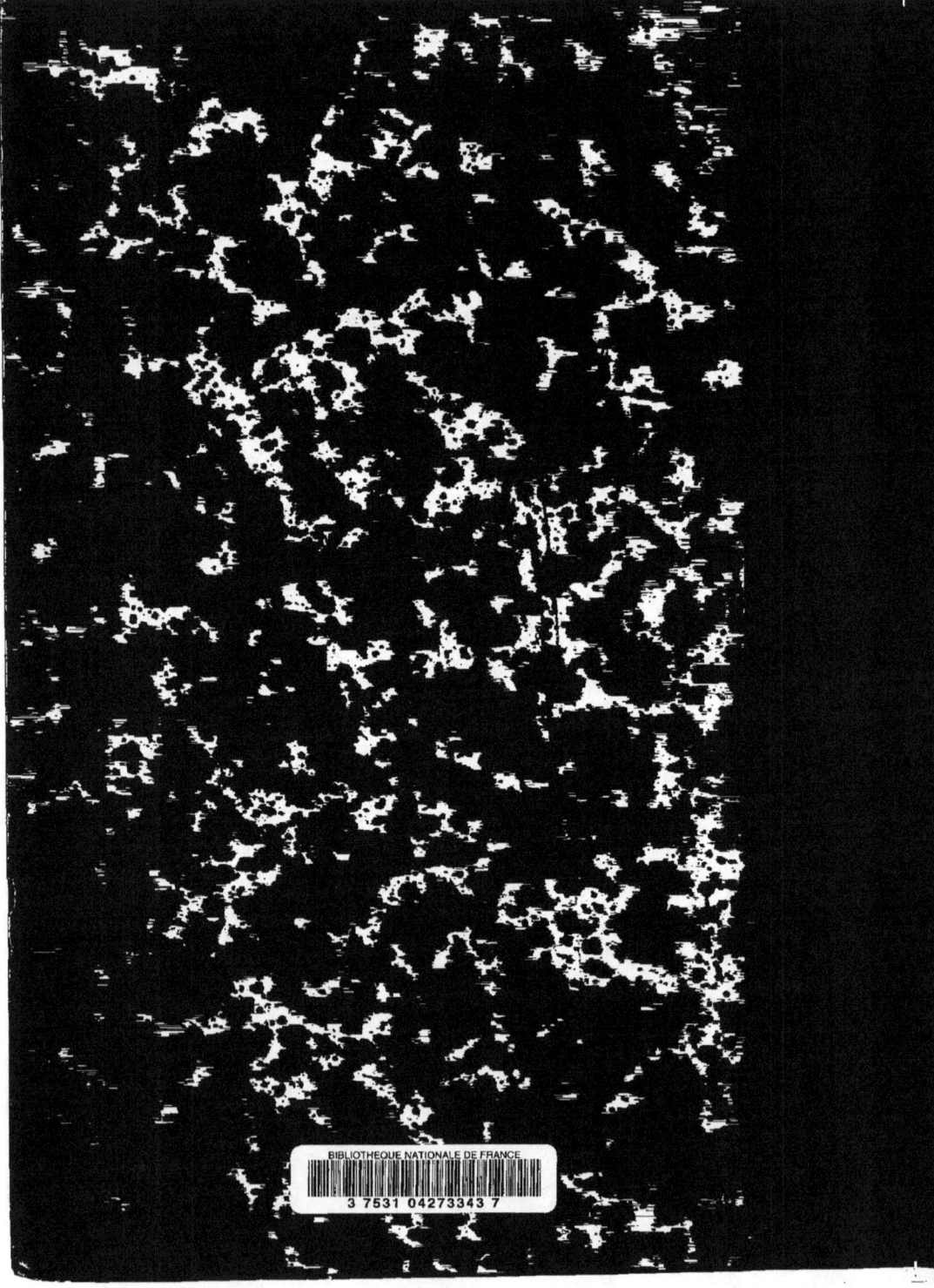

www.ingramcontent.com/pod-product-compliance
Lightning Source LLC
Chambersburg PA
CBHW060952050426
42453CB00009B/1168